Impressum
Verlag: BABADADA GmbH, Nedderfeld 112 , 22529 Hamburg
Geschäftsführer / Verlagsleitung: Harald Hof
Druck: Books on Demand GmbH, In de Tarpen 42, 22848 Norderstedt

Imprint
Publisher: BABADADA GmbH, Nedderfeld 112 , 22529 Hamburg, Germany
Managing Director / Publishing direction: Harald Hof
Print: Books on Demand GmbH, In de Tarpen 42, 22848 Norderstedt, Germany

escuela

школа

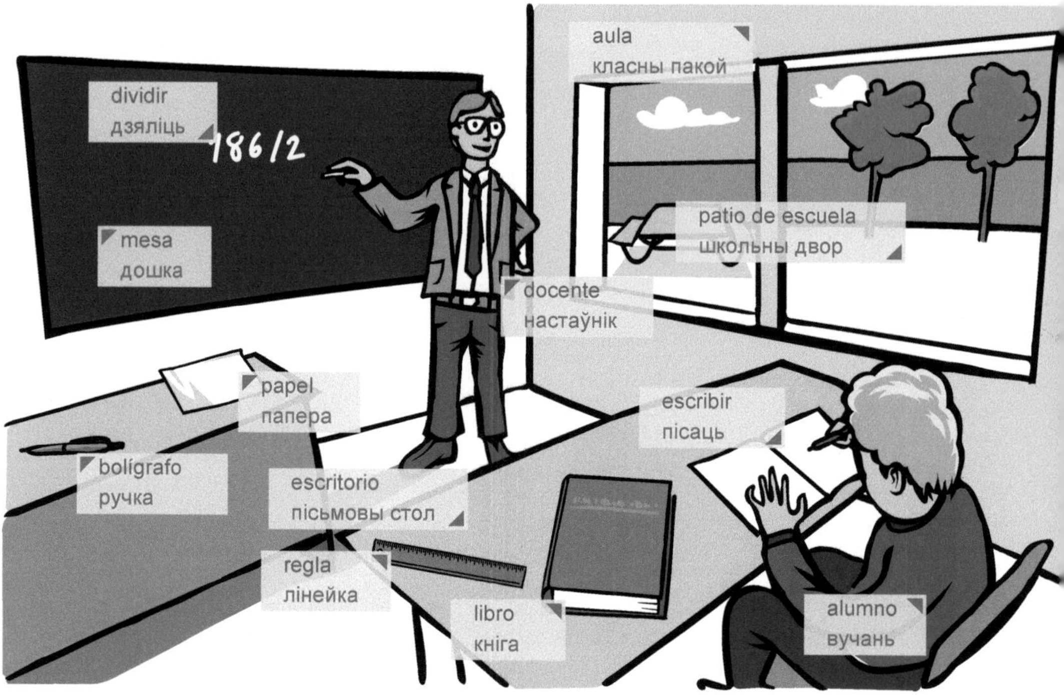
aula
класны пакой
dividir
дзяліць
186/2
mesa
дошка
patio de escuela
школьны двор
docente
настаўнік
papel
папера
escribir
пісаць
bolígrafo
ручка
escritorio
пісьмовы стол
regla
лінейка
libro
кніга
alumno
вучань

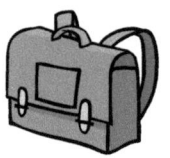

mochila escolar

ранец

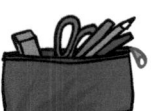

caja de lápices

пенал

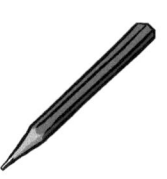

lápiz

просты аловак

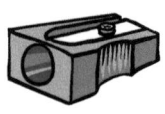

sacapuntas

тачылка для алоўкаў

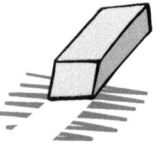

goma de borrar

гумка

bloc de dibujo

альбом для малявання

dibujo

малюнак

pincel

пэндзлік

caja de pinturas

фарбы

tijera

нажніцы

pegamento

клей

libro de ejercicios

сшытак

tarea

хатняе заданне

número

лік

sumar

дадаваць

restar

адымаць

multiplicar

множыць

calcular

лічыць

letra

літара

alfabeto

алфавіт

palabra

слова

texto

тэкст

leer

чытаць

tiza

крэйда

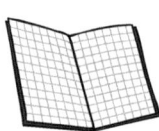

lección

ўрок

libro de clase

класны журнал

examen

экзамен

certificado

атэстат

uniforme escolar

школьная форма

educación

адукацыя

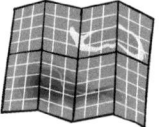

enciclopedia

энцыклапедыя

universidad

універсітэт

microscopio

мікраскоп

mapa

карта

cesto de papeles

смеццевы кошык

viaje

падарожжа

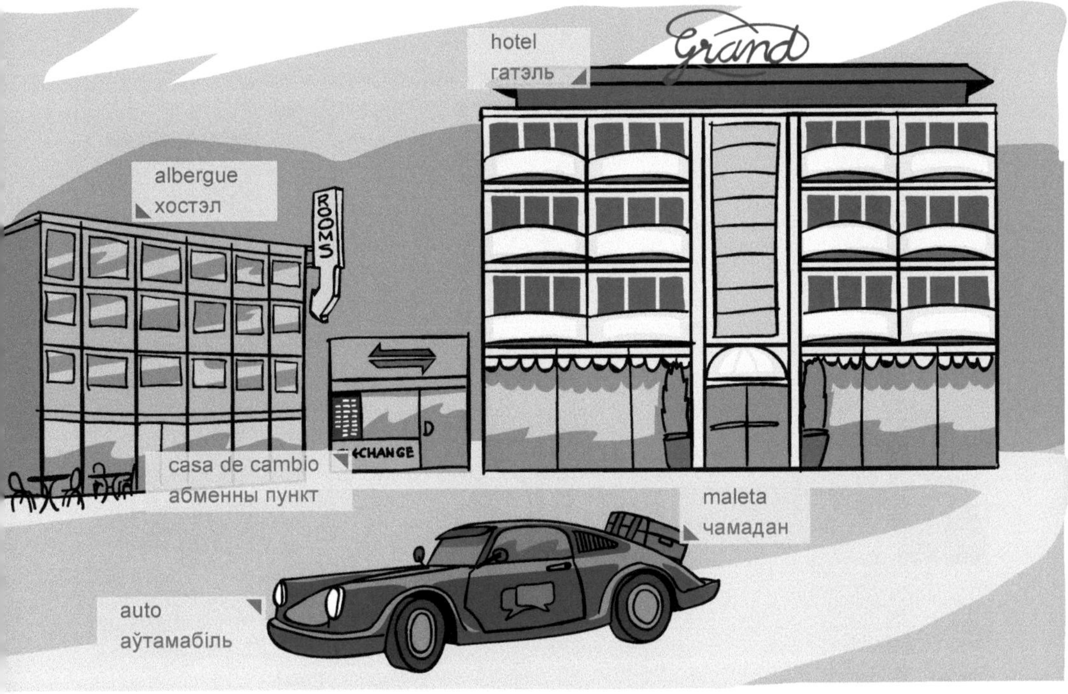
hotel
гатэль
Grand
albergue
хостэл
ROOMS
casa de cambio
абменны пункт
EXCHANGE
maleta
чамадан
auto
аўтамабіль

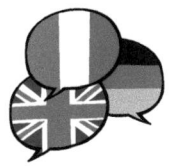

idioma

мова

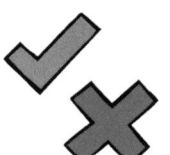

sí / no

так / не

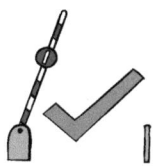

ok

добра

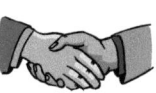

hola

прывітанне!

intérprete

перакладчык

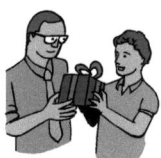

gracias

дзякуй

¿Cuánto cuesta…?

Колькі каштуе….?

No entiendo

я не разумею

problema

праблема

¡Buenas tardes!

Добры вечар!

¡Buenos días!

Добрай раніцы!

¡Buenas noches!

Дабранач!

adiós

да пабачэння

dirección

кірунак

equipaje

багаж

bolso

сумка

mochila

заплечнік

invitado

госць

cuarto

пакой

saco de dormir

спальны мяшок

tienda de campaña

палатка

información al turista

нфармацыя для турыстаў

playa

пляж

tarjeta de crédito

крэдытная картка

desayuno

снеданне

almuerzo

абед

cena

вячэра

pasaje

праязны білет

ascensor

ліфт

sello

паштовая марка

límite

мяжа

aduana

мытня

embajada

пасольства

visa

віза

pasaporte

пашпарт

transporte

транспарт

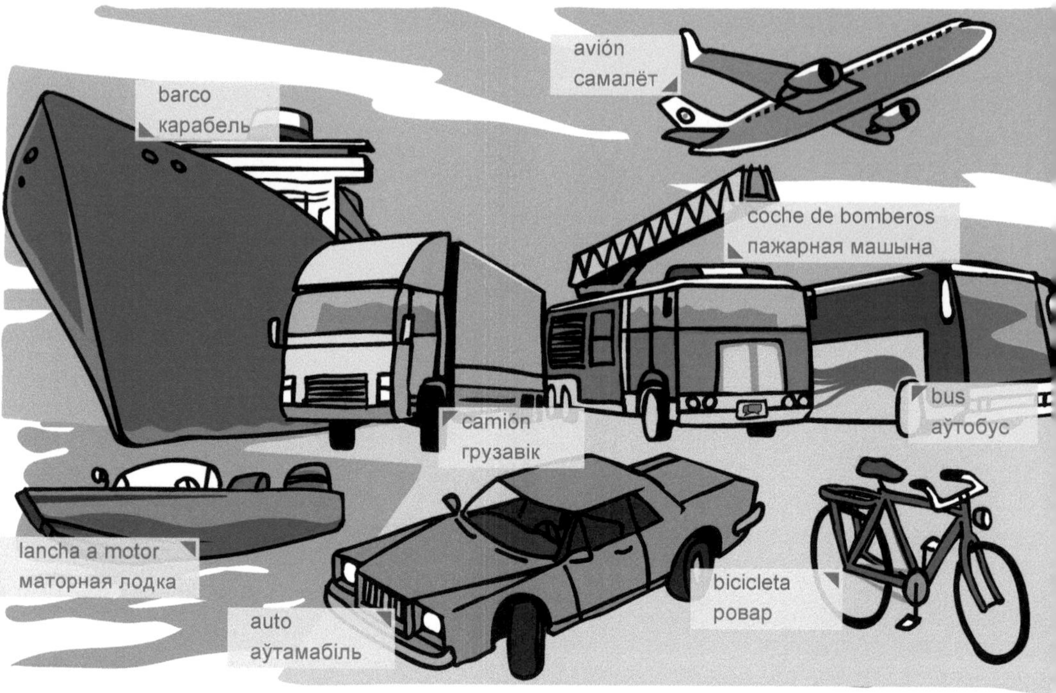
avión
самалёт
barco
карабель
coche de bomberos
пажарная машына
bus
аўтобус
camión
грузавік
lancha a motor
маторная лодка
bicicleta
ровар
auto
аўтамабіль

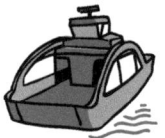

balsa

паром

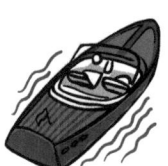

lancha

лодка

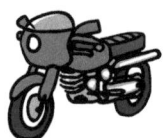

motocicleta

матацыкл

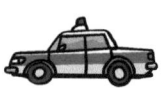

auto de policía

паліцэйская машына

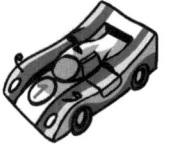

auto de carreras

гоначны аўтамабіль

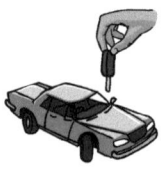

auto de alquiler

арэндаваны аўтамабіль

alquiler de autos

сумеснае карыстанне аўтамабілем

grúa

эвакуатар

vehículo recolector de basura

смеццявоз

motor

матор

gasolina

паліва

gasolinera

запраўка

señal de tráfico

дарожны знак

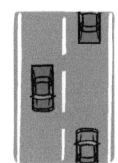

tránsito

дарожны рух

atasco

затор

estacionamiento

паркоўка

estación de tren

чыгуначная станцыя

carril

рэйкі

tren

цягнік

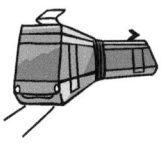

tranvía

трамвай

vagón

вагон

helicóptero
верталёт

aeropuerto
аэрапорт

torre
вежа

pasajero
пасажыр

contenedor
кантэйнер

caja de cartón
кардонная скрыня

carro
тачка

cesta
карзіна

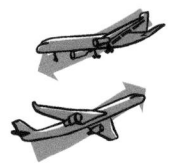

despegar / aterrizar
ўзлятаць / прызямляцца

ciudad

горад

aldea
вёска

centro de la ciudad
цэнтр горада

casa
дом

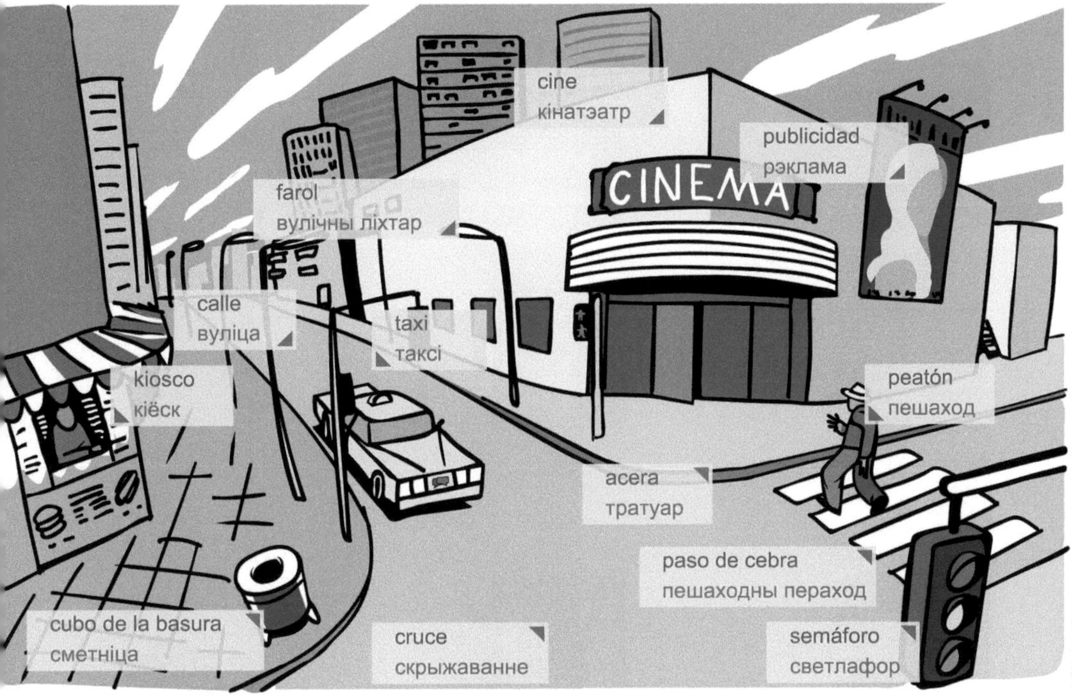

cine
кінатэатр

publicidad
рэклама

farol
вулічны ліхтар

CINEMA

calle
вуліца

taxi
таксі

peatón
пешаход

kiosco
кіёск

acera
тратуар

paso de cebra
пешаходны пераход

cubo de la basura
сметніца

cruce
скрыжаванне

semáforo
светлафор

cabaña

халупа

apartamento

кватэра

estación de tren

чыгуначная станцыя

ayuntamiento

ратуша

museo

музей

escuela

школа

universidad

універсітэт

banco

банк

hospital

шпіталь

hotel

гатэль

farmacia

аптэка

oficina

офіс

librería

кнігарня

negocio

крама

florería

кветкавая крама

supermercado

супермаркет

mercado

кірмаш

grandes almacenes

універмаг

pescadería

рыбная крама

centro comercial

гандлевы цэнтр

puerto

порт

parque

парк

banco

лава

puente

мост

escalera

лесвіца

metro

метро

túnel

тунэль

parada de autobuses

прыпынак

bar

бар

restaurante

рэстаран

buzón de correo

паштовая скрыня

letrero

вулічны паказальнік

parquímetro

паркамат

zoológico

заапарк

piscina

басейн

mezquita

мячэць

granja
сядзіба

polución
забруджванне
навакольнага асяроддзя

cementerio
могілкі

iglesia
царква

parque infantil
пляцоўка для гульні

templo
храм

paisaje
краявід

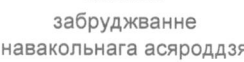

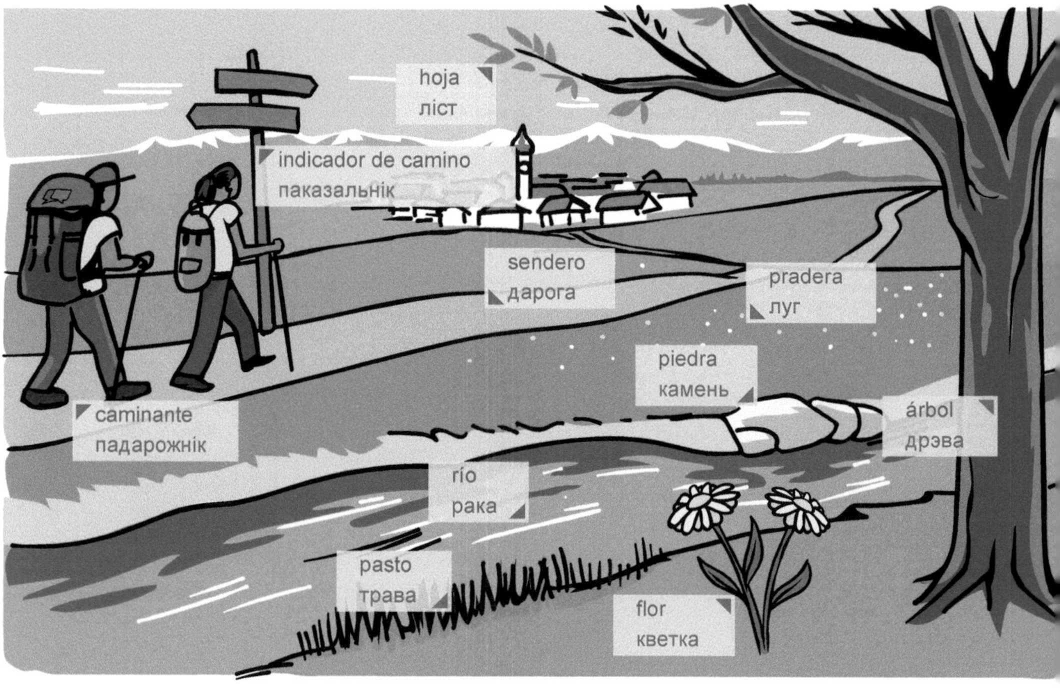

hoja
ліст

indicador de camino
паказальнік

sendero
дарога

pradera
луг

piedra
камень

árbol
дрэва

caminante
падарожнік

río
рака

pasto
трава

flor
кветка

valle

даліна

montaña

гара

lago

возера

bosque

лес

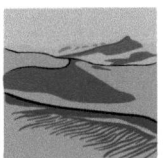

desierto

пустыня

volcán

вулкан

castillo

замак

arco iris

вясёлка

seta

грыб

palmera

пальма

mosquito

камар

mosca

муха

hormiga

мурашка

abeja

пчала

araña

павук

escarabajo

жук

rana

жаба

ardilla

вавёрка

erizo

вожык

liebre

заяц

lechuza

сава

pájaro

птушка

cisne

лебедзь

jabalí

дзік

ciervo

алень

alce

лось

embalse

плаціна

aerogenerador

вятрак

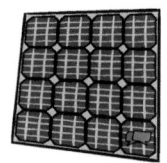

módulo solar

сонечная батарэя

clima

клімат

restaurante
рэстаран

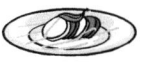

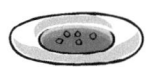

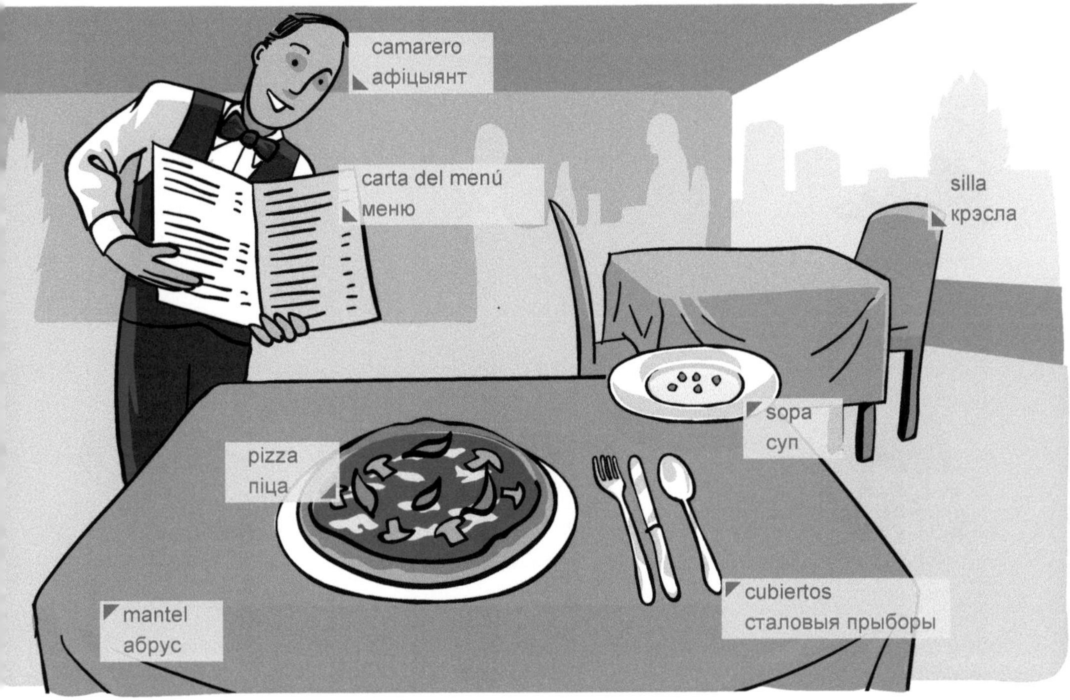
camarero
афіцыянт
carta del menú
меню
silla
крэсла
sopa
суп
pizza
піца
cubiertos
сталовыя прыборы
mantel
абрус

entrada
закуска

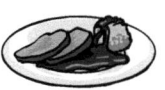

plato principal
другая страва

postre
дэсерт

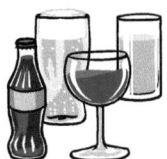

bebida
напоі

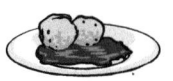

comida
ежа

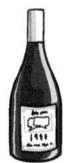

botella
бутэлька

comida rápida

хуткае харчаванне (фаст-фуд)

comida callejera

стрыт-фуд

tetera

імбрык (чайнік)

azucarera

цукарніца

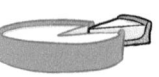

porción

порцыя

máquina de espresso

эспрэса-машына

silla alta

дзіцячае крэселка

factura

рахунак

bandeja

паднос

cuchillo

нож

tenedor

відэлец

cuchara

лыжка

cuchara de té

чайная лыжка

servilleta

сурвэтка

vaso

шклянка

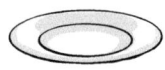

plato

талерка

plato de sopa

супавая талерка

platillo

сподак

salsa

соус

salero

сальніца

molinillo para pimienta

млынок для перцу

vinagre

воцат

aceite

алей

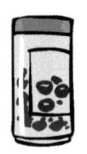

especias

спецыі

ketchup

кетчуп

mostaza

гарчыца

mayonesa

маянэз

supermercado

супермаркет

oferta
акцыя
FOR
cliente
пакупнік
productos lácteos
малочныя прадукты
fruta
садавіна
carrito de compras
вазок

BUTCHERS

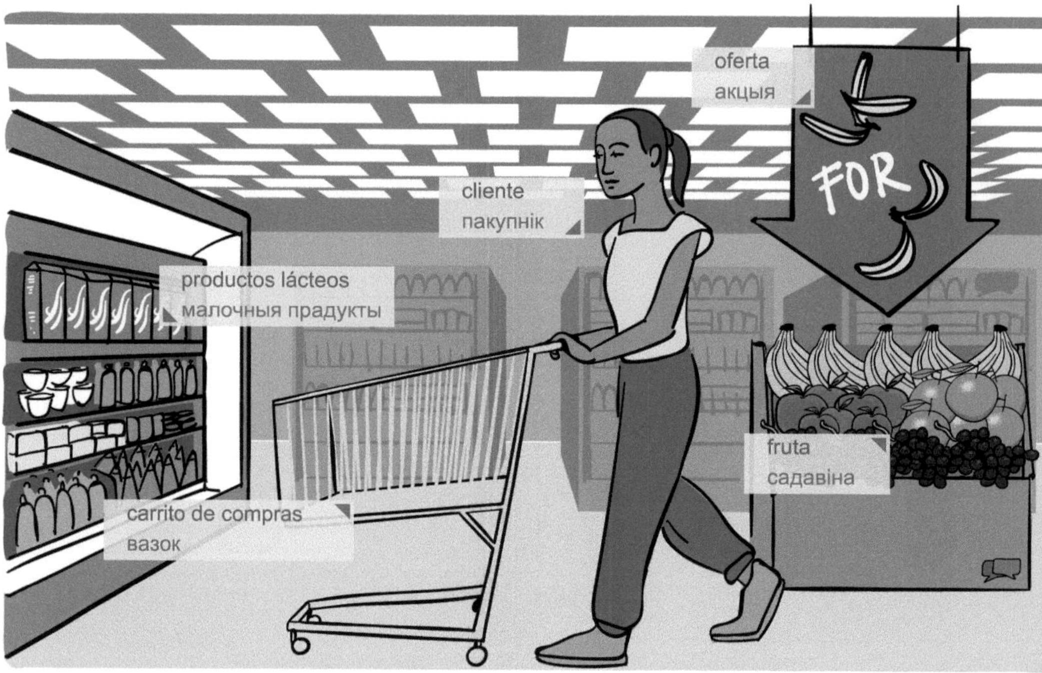

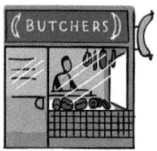

carnicería

мясная крама

BAKERY

panadería

хлебны магазін

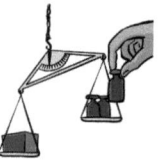

pesar

важыць

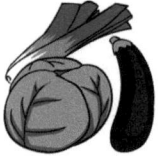

verdura

гароднiна

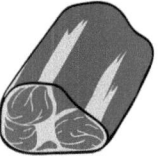

carne

мяса

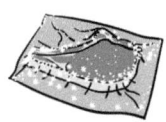

alimentos congelados

свежазамарожаныя прадукты

fiambre

нарэзка

conservas

кансервы

detergente en polvo

пральны парашок

dulces

прысмакі

artículos domésticos

хатнія прылады

productos de limpieza

чысцячы сродак

vendedora

прадавец

caja

каса

cajero

касір

lista de compras

спіс пакупак

horario de atención

гадзіны працы

cartera

бумажнік

tarjeta de crédito

крэдытная картка

maleta

сумка

bolsa plástica

пакет

agua

вада

jugo

сок

leche

малако

refresco de cola

кола

vino

віно

cerveza

піва

alcohol

алкаголь

cacao

какава

té

гарбата (чай)

café

кава

espresso

эспрэса

cappuccino

капучына

banana

банан

manzana

яблык

naranja

апельсін

sandía

дыня

limón

лімон

zanahoria

морква

ajo

часнок

bambú

бамбук

cebolla

цыбуля

seta

грыб

nueces

арэхі

fideos

локшына

espagueti

спагеці

arroz

рыс

ensalada

салата

patatas fritas

бульба фры

patatas salteadas

смажаная бульба

pizza

піца

hamburguesa

гамбургер

sándwich

бутэрброд

escalope

шніцаль

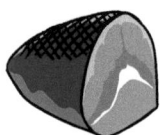

jamón

вяндліна

salame

салямі

embutido

каўбаса

pollo

курыца

asado

смажаніна

pescado

рыбак

copos de avena

аўсяныя камякі

musli

мюслі

copos de maíz tostado

кукурузныя шматкі

harina

мука

croissant

круасан

panecillo

булачка

pan

хлеб

tostada

тост

galletas

пячэнне

mantequilla

масла

cuajada

тварог

pastel

пірог

huevo

яйка

huevo frito

яечня

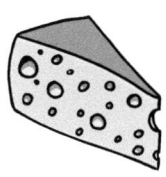

queso

сыр

helado

марожанае

azúcar

цукар

miel

мёд

mermelada

варэнне

praliné

нуга

curry

кары

granja
сядзіба

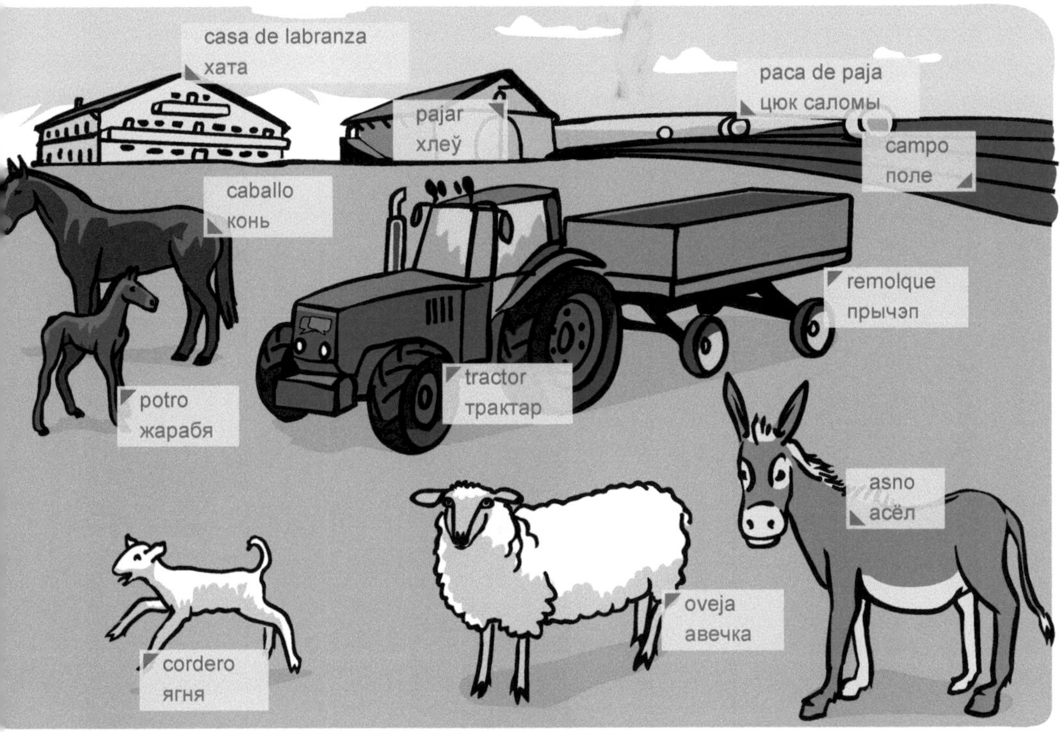
casa de labranza
хата
paca de paja
цюк саломы
pajar
хлеў
campo
поле
caballo
конь
remolque
прычэп
tractor
трактар
potro
жарабя
asno
асёл
oveja
авечка
cordero
ягня

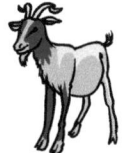

cabra
каза

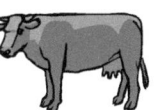

vaca
карова

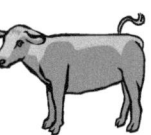

ternero
цяля

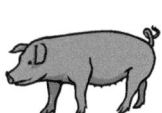

cerdo
свіння

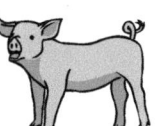

lechón
парася

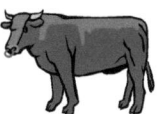

toro
бык

ganso

гусак

pato

качка

polluelo

кураня

pollo

курыца

gallo

певень

rata

пацук

gato

кот

ratón

мыш

buey

вол

perro

сабака

caseta del perro

сабачая будка

manguera de riego

садовы шланг

regadera

палівачка

guadaña

каса

arado

плуг

hoz

серп

azada

матыка

bieldo

вілы для гною

hacha

сякера

carretilla

тачка

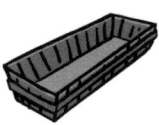

abrevadero

карыта

lechera

бітон для малака

saco

мех

cerca

плот

establo

хлеў

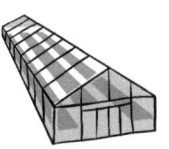

invernadero

цяпліца

suelo

глеба

semilla

насенне

fertilizante

угнаенне

cosechadora

камбайн

cosechar

збіраць ураджай

cosecha

ураджай

raíz de ñame

ямс

trigo

пшаніца

soja

соя

patata

бульба

maíz

кукуруза

colza

рапс

Árbol frutal

садовае дрэва

mandioca

маніёк

cereales

збожжа

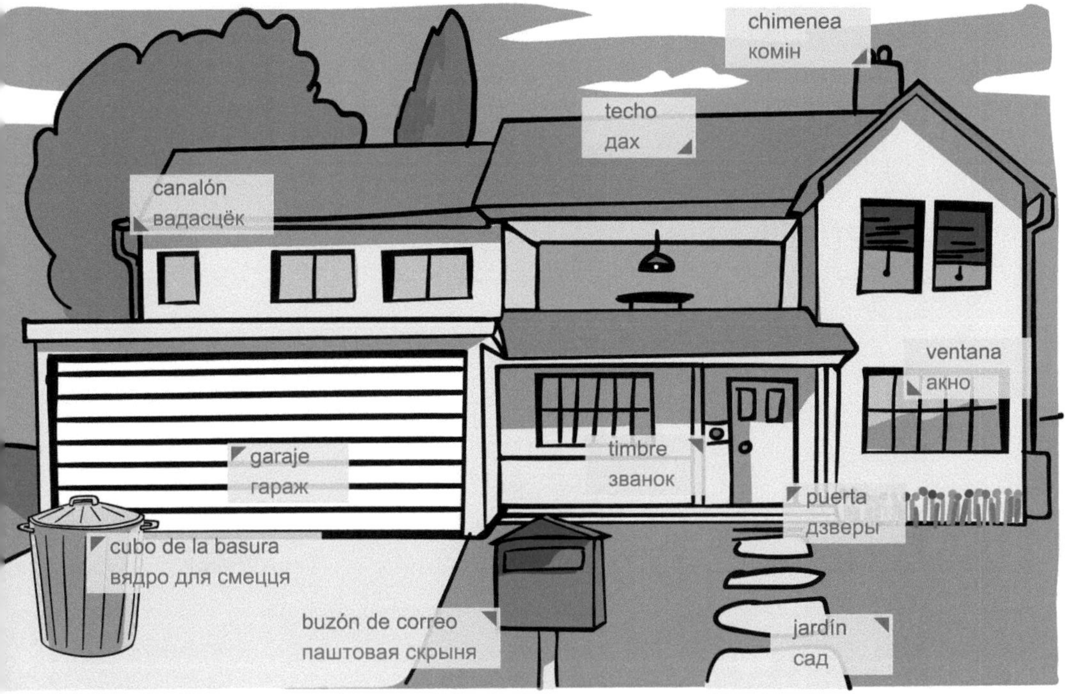

chimenea
комін

techo
дах

canalón
вадасцёк

ventana
акно

garaje
гараж

timbre
званок

puerta
дзверы

cubo de la basura
вядро для смецця

buzón de correo
паштовая скрыня

jardín
сад

cuarto de estar

жылы пакой

cuarto de baño

ванная

cocina

кухня

dormitorio

спальны пакой

cuarto de los niños

дзіцячы пакой

comedor

сталоўка

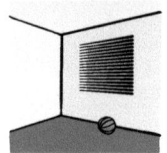

piso

падлога

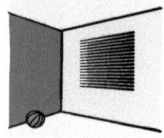

pared

сцяна

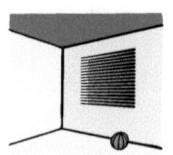

cielorraso

столь

sótano

падвал

sauna

саўна

balcón

балкон

terraza

тэраса

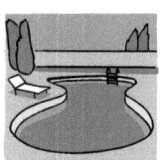

piscina

басейн

cortacésped

касілка

funda nórdica

падкоўдранік

edredón

коўдра

cama

ложак

escoba

венік

cubo

вядро

interruptor

выключальнік

cuarto de estar

жылы пакой

papel para empapelar
шпалеры
imagen
малюнак
lámpara
лямпа
estante
паліца
gabinete
шафа
televisor
тэлевізар
hogar
камін
flor
кветка
cojín
падушка
sofá
канапа
florero
ваза
control remoto
пульт

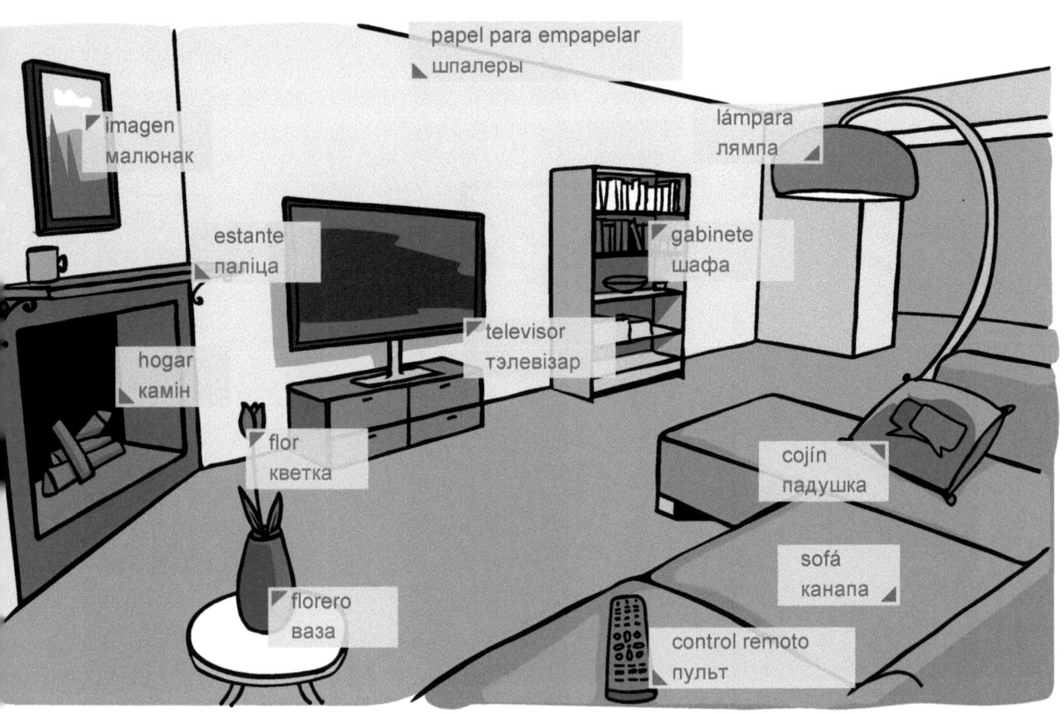

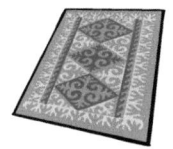

alfombra

дыван

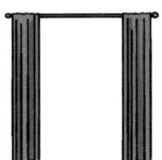

cortina

фіранка

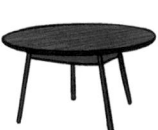

mesa

стол

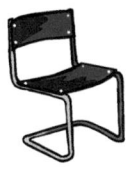

silla

крэсла

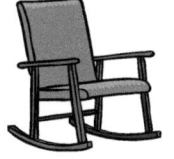

mecedora

крэсла-качалка

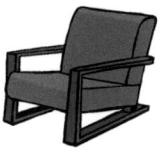

sillón

крэсла

libro

кніга

frazada

коўдра

decoración

дэкарацыя

leña

дровы

film

кіно

equipo estereofónico

стэрэасістэма

llave

ключ

periódico

газета

cuadro

карціна

póster

постар

radio

радыё

bloc de notas

нататнік

aspiradora

пыласос

cactus

кактус

vela

свечка

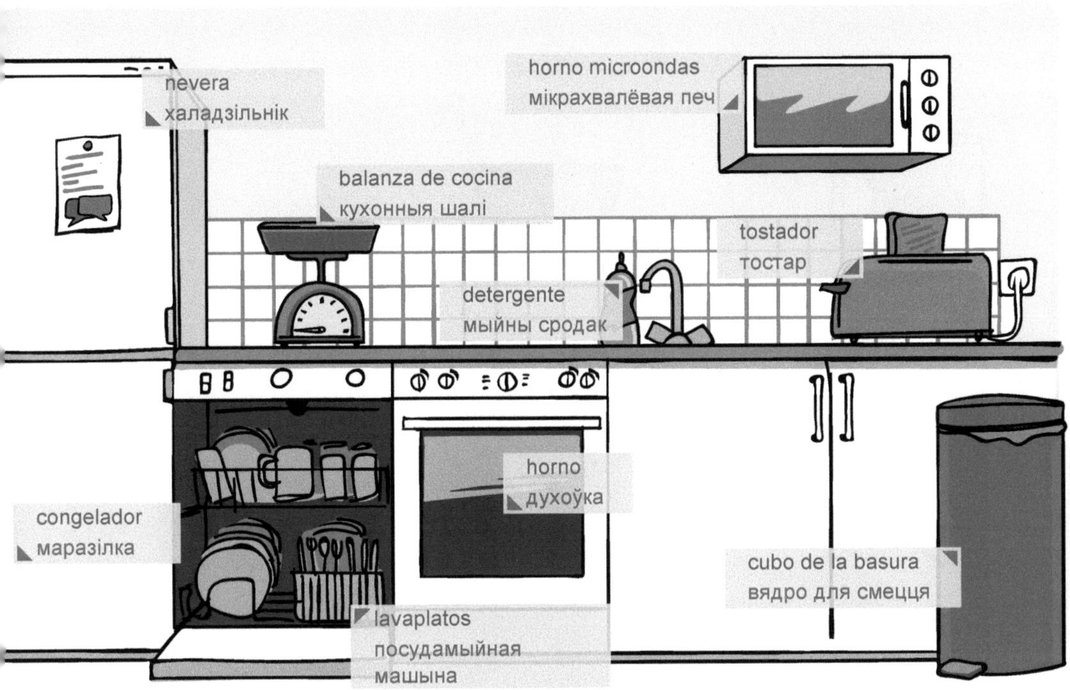

nevera
халадзільнік

horno microondas
мікрахвалёвая печ

balanza de cocina
кухонныя шалі

tostador
тостар

detergente
мыйны сродак

congelador
маразілка

horno
духоўка

cubo de la basura
вядро для смецця

lavaplatos
посудамыйная
машына

cocina

плiта

olla

рондаль

olla de fundición de hierro

чыгунок

wok / kadai

Вок / кадаі

sartén

патэльня

hervidor de agua

чайнік

olla de vapor

параварка

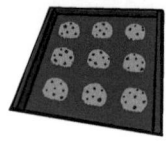

bandeja de horno

бляха

vajilla

посуд

vaso

кубак

bol

міска

palillos para comer

палачкі для ежы

cucharón de sopa

чарпак

espátula

лапатачка

batidor

збівалка

colador

сіта для варэння

cedazo

сіта

rallador

тарка

mortero

ступка

parrillada

грыль

fogata

вогнішча

tabla de picar
дошка

rodillo
качалка

sacacorchos
штопар

lata
бляшанка

abrelatas
адкрывалка

agarrador
прыхваткі

fregadero
ракавіна

cepillo
шчотка

esponja
губка

batidora
міксер

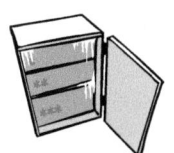

arcón congelador
маразільная камера

biberón
бутэлечка

grifo
вадаправодны кран

cuarto de baño

ванная

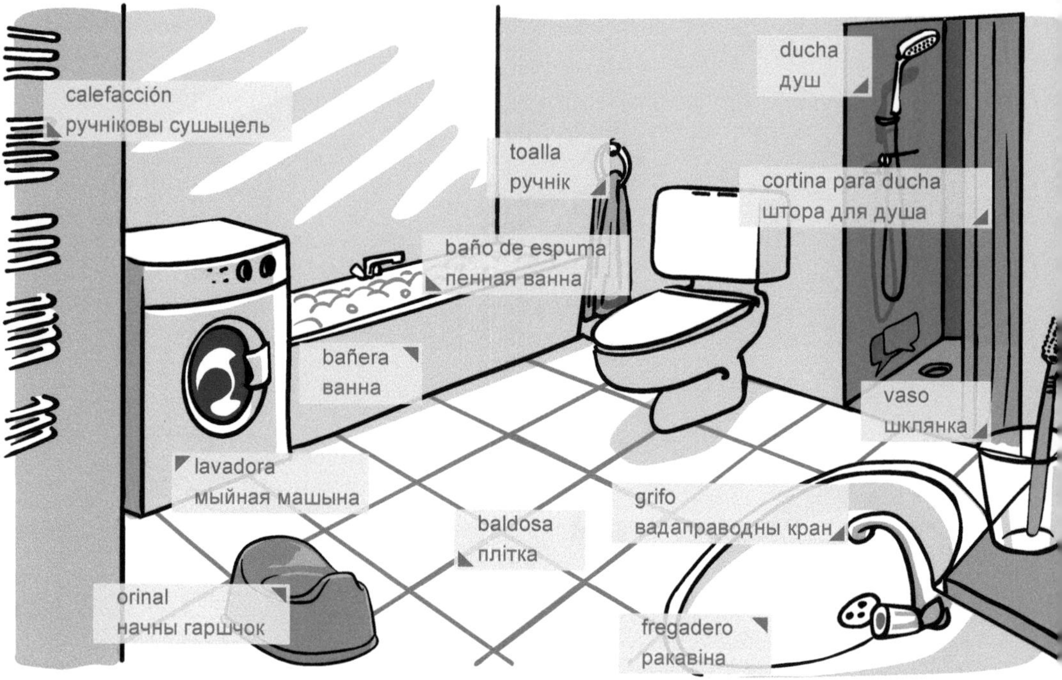

ducha
душ
calefacción
ручніковы сушыцель
toalla
ручнік
cortina para ducha
штора для душа
baño de espuma
пенная ванна
bañera
ванна
vaso
шклянка
lavadora
мыйная машына
grifo
вадаправодны кран
baldosa
плітка
orinal
начны гаршчок
fregadero
ракавіна

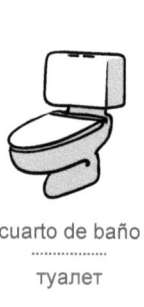

cuarto de baño

туалет

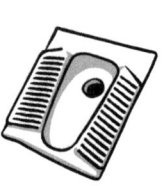

placa turca

падлогавы ўнітаз

bidé

бідэ

urinario

пісуар

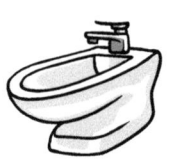

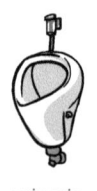

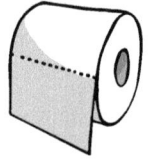

papel higiénico

туалетная папера

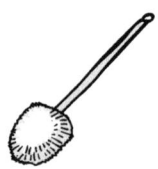

escobilla para el cuarto de baño

шчотка для чысткі ўнітаза

cepillo de dientes

зубная шчотка

pasta dentífrica

зубная паста

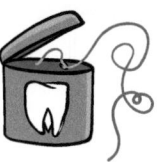

seda dental

зубная нітка

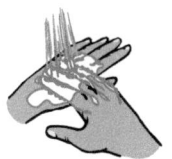

lavar

мыць

ducha teléfono

ручны душ

ducha higiénica

інтымны душ

cuenco

умывальнік

cepillo para la espalda

шчотка для спіны

jabón

мыла

gel de ducha

гель для душа

champú

шампунь

manopla para baño

вяхотка

desagüe

вадасцёк

crema

крэм

desodorante

дэзадарант

espejo

люстэрка

espejo de maquillaje

касметычнае люстэрка

máquina de afeitar

станок для галення

espuma de afeitar

пена для галення

loción para después del afeitado

ласьён пасля галення

peine

грэбень

cepillo

шчотка

secador para cabello

фен

laca de peinado

лак для валасоў

maquillaje

касметыка

lápiz labial

памада

laca para uñas

лак для пазногцяў

algodón

вата

tijera para uñas

манікюрныя нажніцы

perfume

духі

neceser

касметычка

taburete

табурэтка

balanza

вагі

bata de baño

лазневы халат

guantes de goma

санітарныя пальчаткі

tampón

тампон

compresa

гігіенічныя пракладкі

wáter químico

біятуалет

cuarto de los niños

дзіцячы пакой

despertador
будзільнік
animal de peluche
мяккая цацка
auto de juguete
цацачная машынка
sonajero
бразготка
casa de muñecas
лялечны домік
obsequio
падарунак

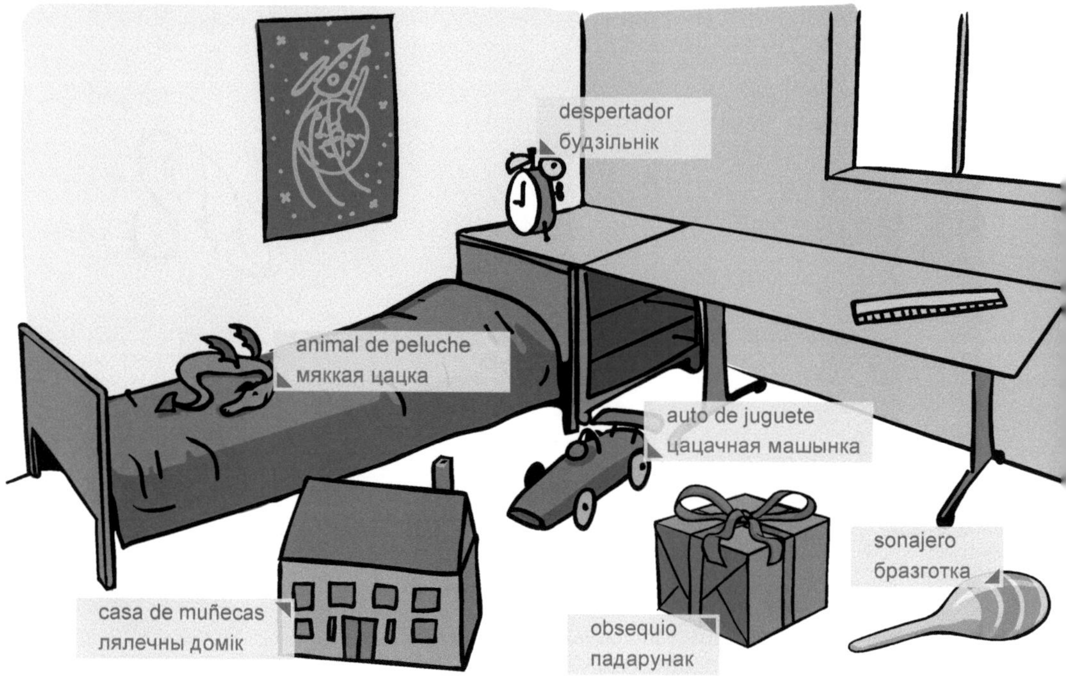

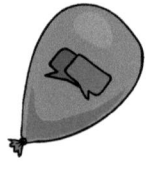

globo

надзіманы шарык

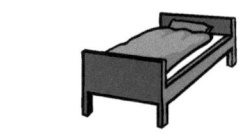

cama

ложак

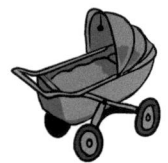

cochecito para niños

дзіцячая каляска

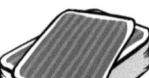

juego de barajas

калода картаў

rompecabezas

пазл

SUPER MEGA

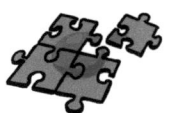

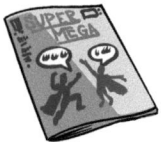

cómic

комікс

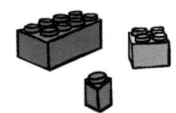

piezas de Lego

канструктар "Лега"

bloques para jugar

канструктар

figura de acción

экшэн-фігурка

pijama de una pieza

дзіцячы гарнітур

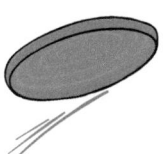

frisbee

фрызбі

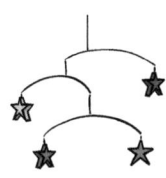

móvil

дзіцячы мабіль

juego de mesa

настольная гульня

dado

кубік

tren eléctrico a escala

дзіцячая чыгунка

chupete

пустышка

fiesta

дзіцячае свята

libro de dibujos

кніга з малюнкамі

pelota

мячык

títere

лялька

jugar

гуляцца

arenero

пясочніца

columpio

арэлі

juguetes

цацкі

consola de videojuego

гульнявая відэа прыстаўка

triciclo

трохколавы ровар

osito de peluche

плюшавы мішка

guardarropa

шафа

vestimenta

адзенне

calcetines

шкарпэткі

medias

панчохі

panti

калготкі

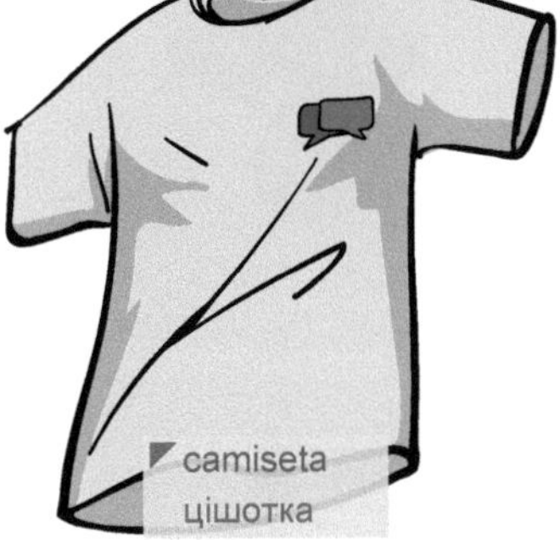

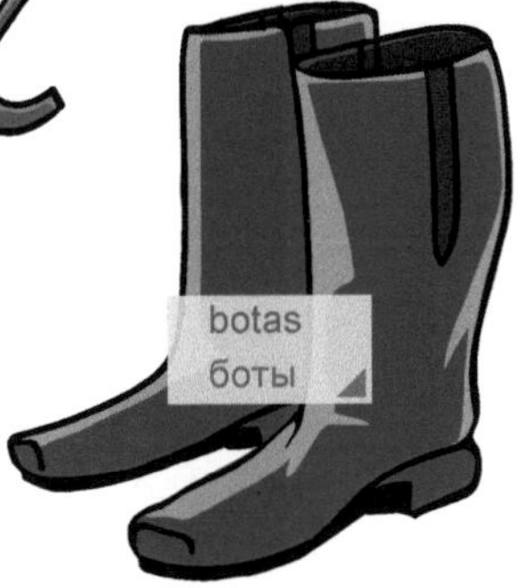

chal
шалік

cinturón
рамень

paraguas
парасон

camiseta
цішотка

deportivas
красоўкі

botas
боты

zapatilla
пантоплі

sandalias

сандалі

zapatos

абутак

botas de goma

гумовыя боты

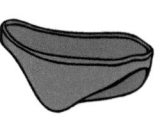

ropa interior

трусы

corpiño

бюстгальтар

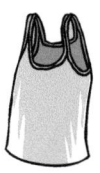

camiseta

майка

vestimenta - адзенне

body
бодзі

pantalón
штаны

jeans
джынсы

falda
спадніца

blusa
блузка

camisa
кашуля

pullover
джэмпер

sweater
талстоўка

blazer
блэйзер

chaqueta
куртка

abrigo
паліто

impermeable
дажджавік

traje chaqueta
касцюм

vestido
сукенка

vestido de bodas
вясельная сукенка

traje

касцюм

camisón

начная сарочка

pijama

піжама

sari

сары

pañuelo de cabeza

хустка

turbante

цюрбан

burka

паранджа

caftán

каптан

abaya

Абая

traje de baño

купальнік

bañador

плаўкі

shorts

шорты

chándal

спартыўны касцюм

delantal

фартух

guante

пальчаткі

botón
гузік

gafa
акуляры

brazalete
бранзалет

cadena
каралі

anillo
кальцо

aro
завушніца

gorra
кепка

percha
вешалка

sombrero
капялюш

corbata
гальштук

cierre a cremallera
маланка

casco
шлем

tiradores
падцяжкі

uniforme escolar
школьная форма

uniforme
уніформа

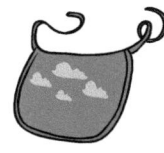

babero

нагруднік

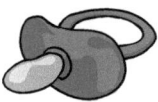

chupete

пустышка

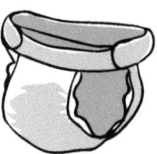

pañal

падгузнік

oficina
офіс

servidor
сервер
archivador
канцылярская шафа
impresora
прынтэр
monitor
манітор
papel
папера
ratón
мыш
escritorio
пісьмовы стол
carpeta
тэчка
teclado
клавіятура
silla
крэсла
cesto de papeles
смеццевы кошык
ordenador
кампутар

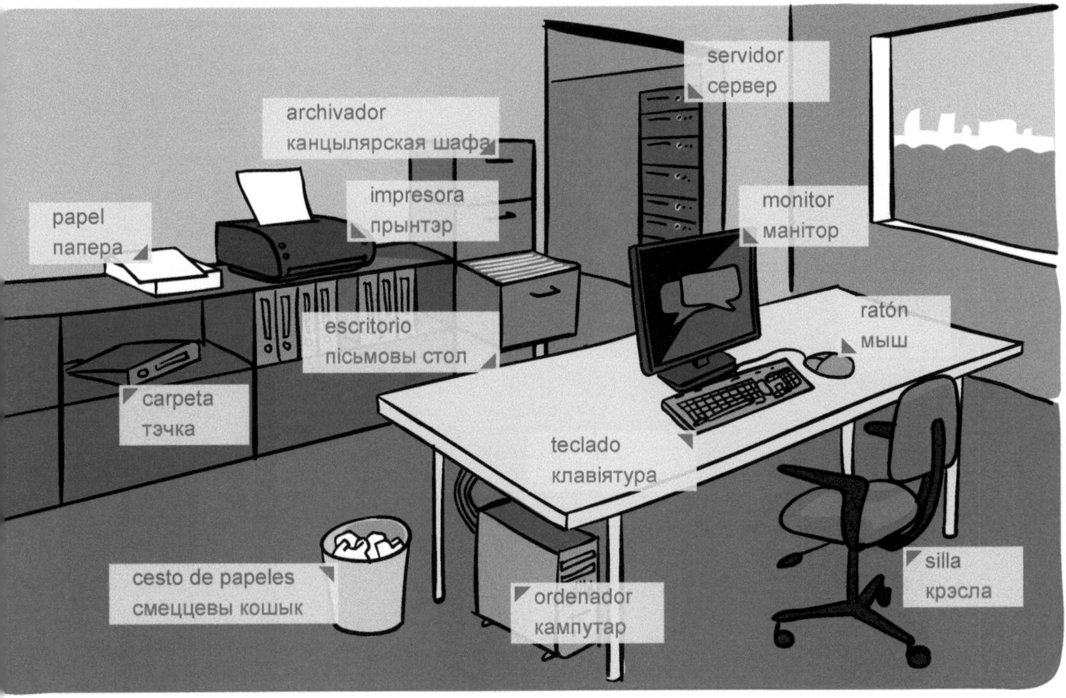

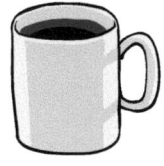

taza de café

кубак для кавы (філіжанка)

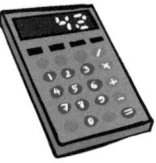

calculadora

калькулятар

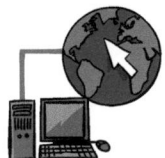

internet

інтэрнэт

laptop

ноўтбук

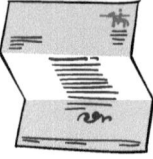

carta

ліст

mensaje

паведамленне

teléfono móvil

мабільны тэлефон

red

сетка

fotocopiadora

ксеракс

software

праграмнае забеспячэнне

teléfono

тэлефон

tomacorriente

разетка

máquina de fax

факс

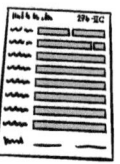

formulario

фармуляр

documento

дакумент

comprar

купляць

pagar

плаціць

comerciar

гандляваць

dinero

грошы

dólar

долар

euro

еўра

yen

ена

rublo

рубель

franco

франк

renminbi

кітайскі юань

rupia

рупія

cajero automático

банкамат

casa de cambio

абменны пункт

oro

золата

plata

срэбра

petróleo

нафта

energía

энергія

precio

цана

contrato

кантракт

impuesto

падатак

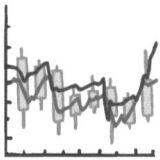

acción

акцыя

trabajar

працаваць

empleado

служачы

empleador

працадаўца

fábrica

фабрыка

negocio

крама

policía
паліцыянт

bombero
пажарны

cocinero
кухар

médico
доктар

piloto
пілот

jardinero

садоўнік

carpintero

слесар

costurera

швачка

juez

суддзя

químico

хімік

actor

артыст

conductor de autobús

кіроўца аўтобуса

taxista

таксіст

pescador

рыбак

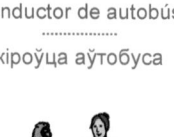

mujer de la limpieza

прыбіральшчыца

techista

страхар

camarero

афіцыянт

cazador

паляўнічы

pintor

мастак

panadero

пекар

electricista

электрык

albañil

будаўнік

ingeniero

інжынер

carnicero

мяснік

fontanero

сантэхнік

cartero

паштальён

ocupaciones - прафесіі

soldado

салдат

arquitecto

архітэктар

cajero

касір

florista

фларыст

peluquero

цырульнік

cobrador

кандуктар

mecánico

механік

capitán

капітан

odontólogo

стаматолаг

científico

вучоны

rabino

рабін

imam

імам

monje

манах

párroco

святар

herramientas
інструменты

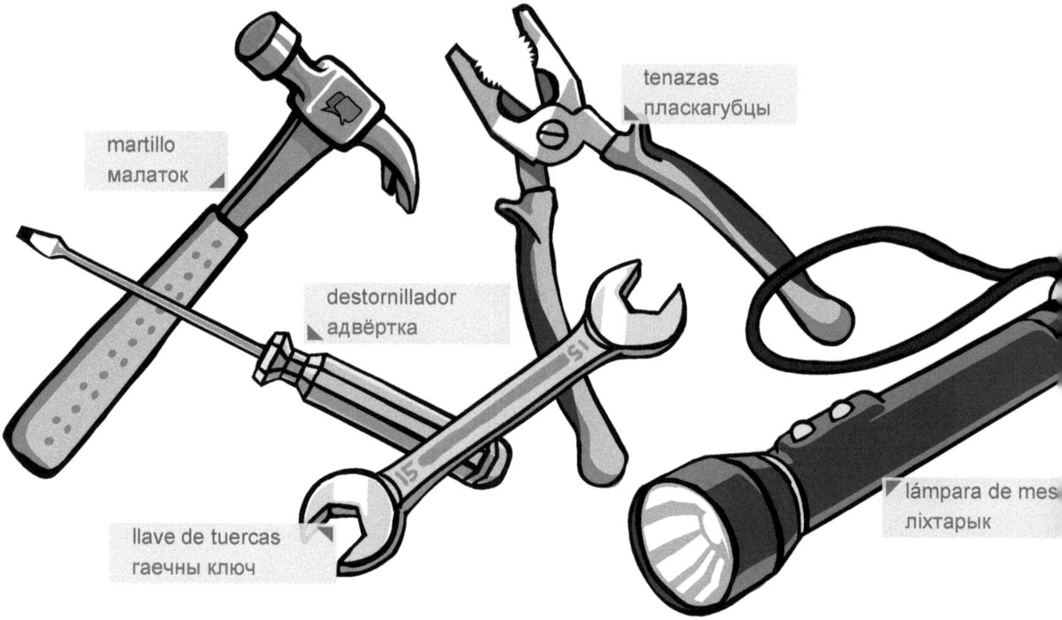

tenazas
пласкагубцы
martillo
малаток
destornillador
адвёртка
lámpara de mes
ліхтарык
llave de tuercas
гаечны ключ

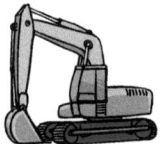

excavadora

экскаватар

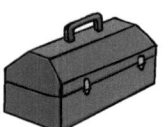

caja de herramientas

скрыня для інструментаў

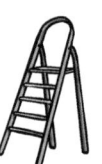

escalerilla

дравіны

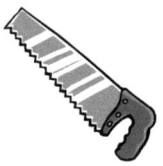

serrucho

піла

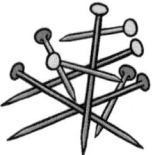

clavos

цвікі

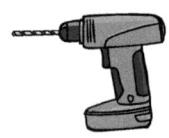

taladro

дрыль

reparar

рамантаваць

pala

рыдлеўка

¡Maldición!

Халера!

recogedor

шуфлік для смецця

lata de pintura

вядро з фарбаю

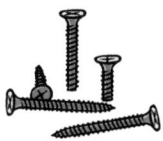

tornillos

балты

instrumentos musicales
музычныя інструменты

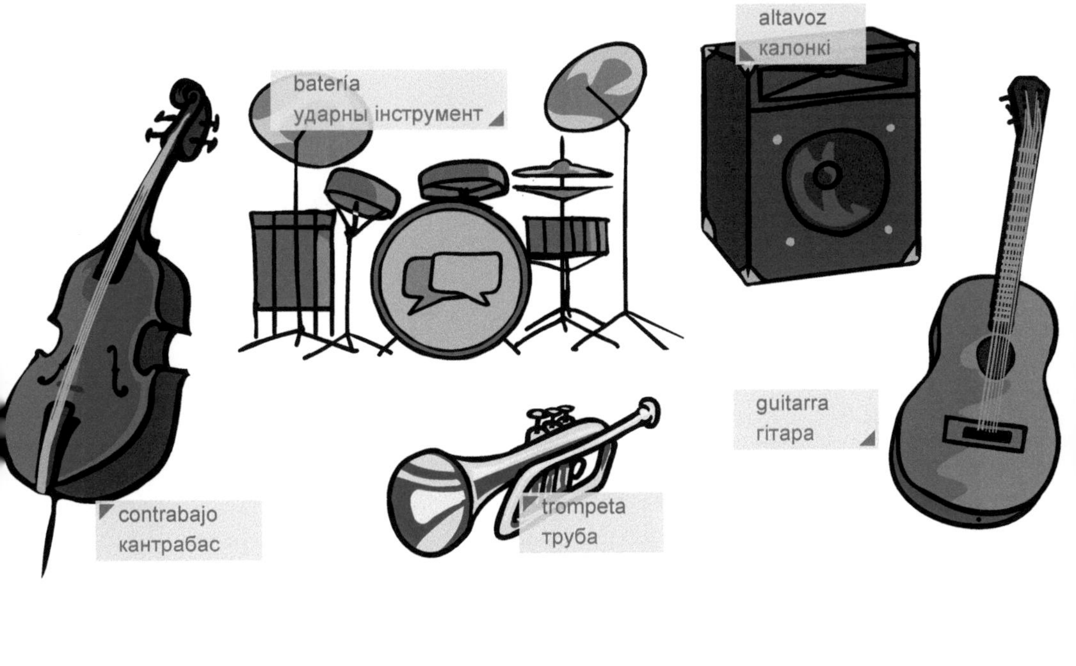

batería
ударны інструмент

altavoz
калонкі

guitarra
гітара

contrabajo
кантрабас

trompeta
труба

piano

піяніна

violín

скрыпка

bajo

басгітара

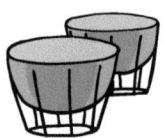

timbales

літаўры

tambor

барабан

teclado

клавішны электрамузычны інструмент

saxofón

саксафон

flauta

флейта

micrófono

мікрафон

tigre
тыгр

entrada
уваход

jaula
клетка

cebra
зебра

comida para animales
корм для жывёл

panda
панда

animales
жывёлы

elefante
слон

canguro
кенгуру

rinoceronte
насарог

gorila
гарыла

oso
мядзведзь

camello

вярблюд

avestruz

стравус

león

леў

mono

малпа

flamengo

фламінга

papagayo

папугай

oso polar

белы мядзведзь

pingüino

пінгвін

tiburón

акула

pavo real

паўлін

serpiente

змяя

cocodrilo

кракадзіл

cuidador del zoológico

наглядчык заапарка

foca

цюлень

jaguar

ягуар

pony

поні

leopardo

леапард

hipopótamo

бегемот

jirafa

жыраф

águila

арол

jabalí

дзік

pescado

рыбак

tortuga

чарапаха

morsa

морж

zorro

ліса

gacela

газель

fútbol americano
амерыканскі футбол

ciclismo
веласпорт

tenis
тэніс

baloncesto
баскетбол

natación
плаванне

hockey sobre hielo
хакей з шайбай

boxeo
бокс

fútbol
футбол

badminton
бадмінтон

atletismo
лёгкая атлетыка

balonmano
гандбол

esquí
горныя лыжы

polo
пола

actividades
дзейнасць

reír
смяяцца
saltar
скакаць
abrazar
абдымацца
caminar
ісці
cantar
спяваць
soñar
марыць
rezar
маліцца
besar
цалаваць

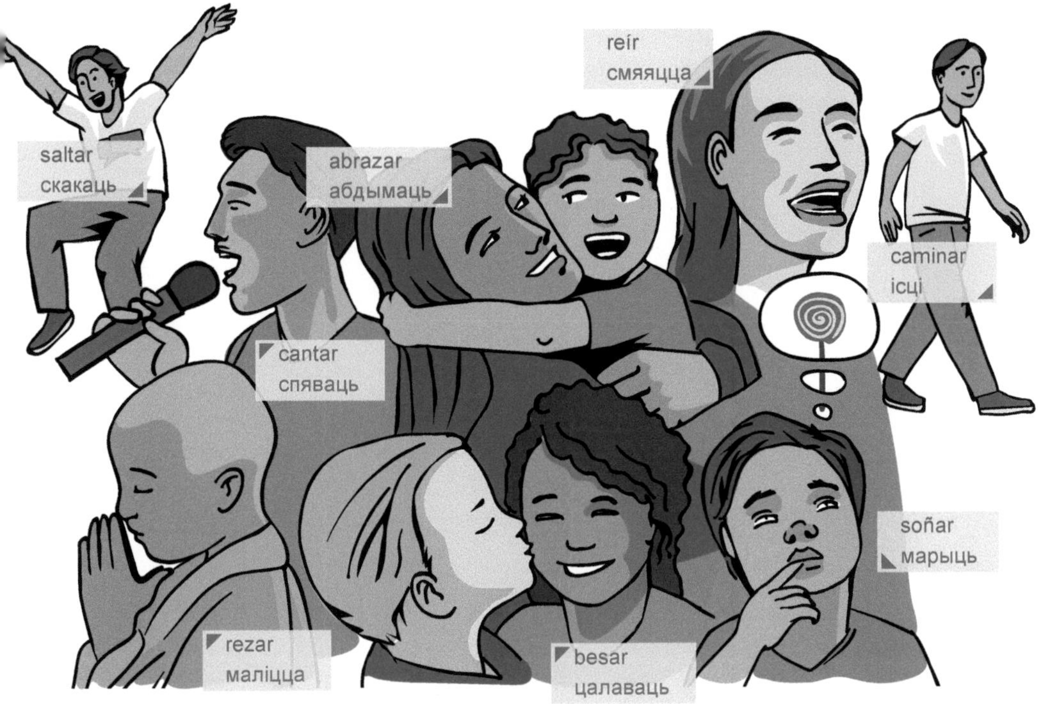

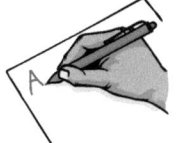

escribir

пісаць

dibujar

маляваць

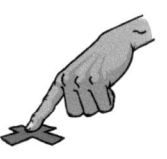

mostrar

паказваць

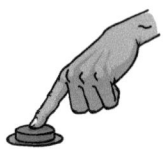

presionar

націснуць

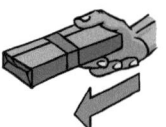

dar

даваць

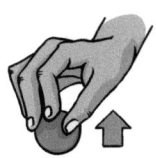

tomar

браць

tener

маць

hacer

выконваць

ser

быць

estar de pie

стаяць

correr

бегчы

tirar

цягнуць

arrojar

кідаць

caer

падаць

estar acostado

ляжаць

esperar

чакаць

llevar

насіць

estar sentado

сядзець

vestirse

апранацца

dormir

спаць

despertar

прачынацца

mirar

глядзець

llorar

плакаць

acariciar

лашчыць

peinarse

прычэсвацца

conversar

гаварыць

entender

разумець

preguntar

пытаць

oír

чуць

beber

піць

comer

есці

asear

прыбіраць

amar

кахаць

cocinar

гатаваць

conducir

ехаць

volar

лятаць

actividades - дзейнасць

navegar

плаваць пад ветразем

calcular

лічыць

leer

чытаць

aprender

вучыць

trabajar

працаваць

casarse

уступаць у шлюб

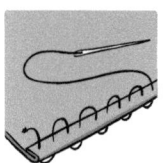

coser

шыць

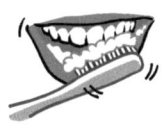

limpiarse los dientes

чысціць зубы

matar

забіваць

fumar

курыць

enviar

пасылаць

familia
сям'я

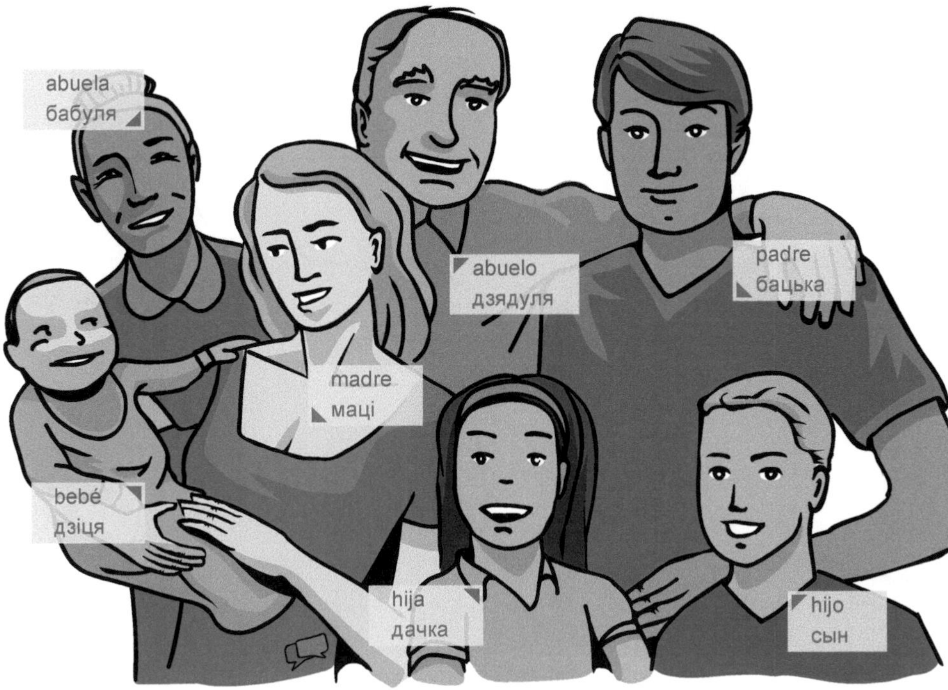
abuela
бабуля
abuelo
дзядуля
padre
бацька
madre
маці
bebé
дзіця
hija
дачка
hijo
сын

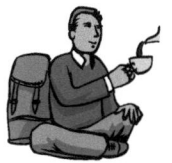

invitado

госць

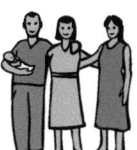

tía

цётка

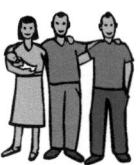

tío

дзядзька

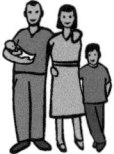

hermano

брат

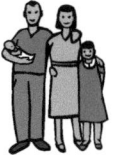

hermana

сястра

cuerpo

цела

frente
лоб
ojo
вока
hombro
плячо
dedo
палец
cara
твар
barbilla
падбародак
mano
рука
pecho
грудзі
pierna
нага
brazo
рука

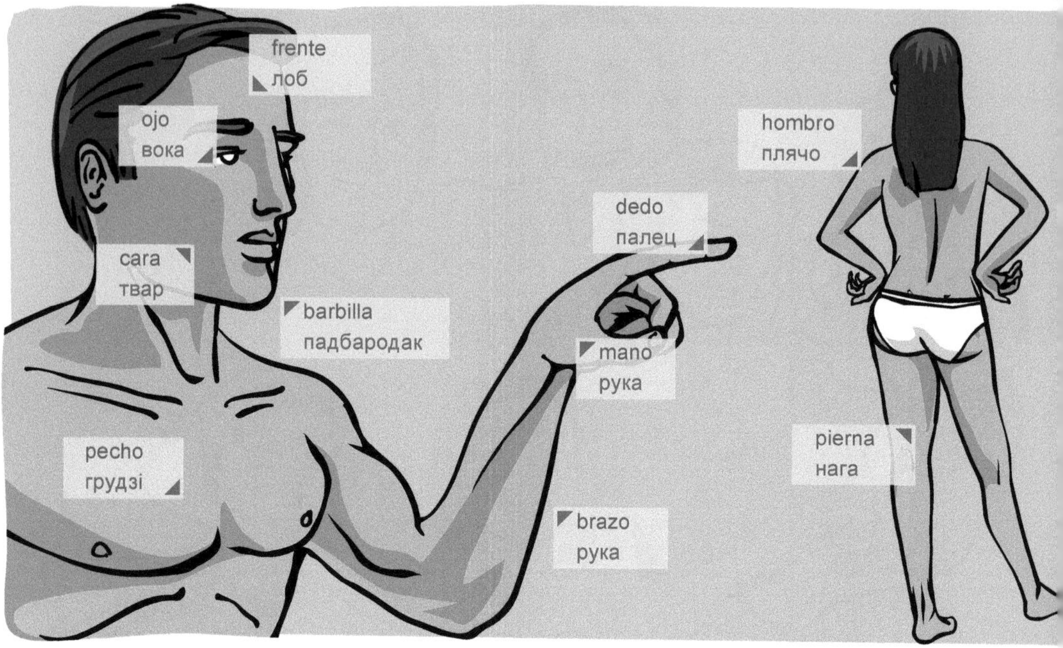

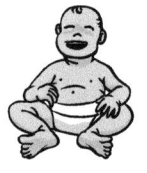

bebé

дзіця

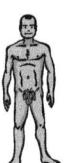

hombre

мужчына

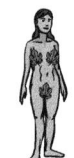

mujer

жанчына

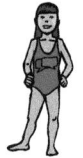

muchacha

дзяўчынка

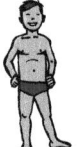

joven

хлопчык

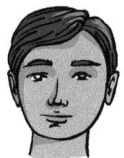

cabeza

галава

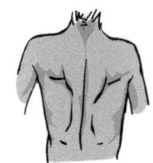

espalda

спіна

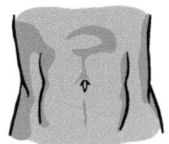

vientre

жывот

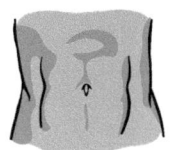

ombligo

пуп

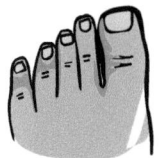

dedo del pie

палец нагі

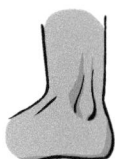

talón

пятка

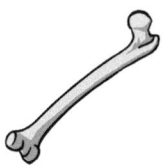

hueso

костка

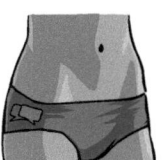

cadera

бядро

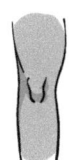

rodilla

калена

codo

локаць

nariz

нос

trasero

ягадзіца

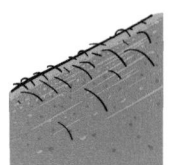

piel

скура

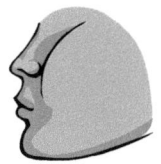

mejilla

шчака

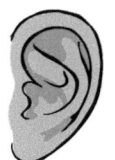

oreja

вуха

labio

губа

boca

рот

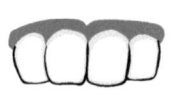

diente

зуб

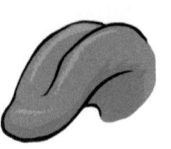

lengua

язык

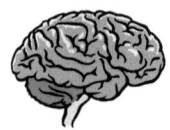

cerebro

галаўны мозг

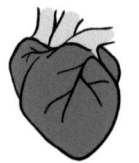

corazón

сэрца

músculo

мышца

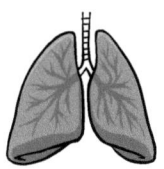

pulmón

лёгкае

hígado

пячонка

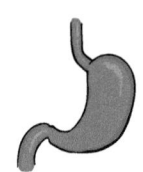

estómago

страўнік

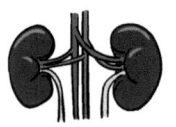

riñones

ныркі

relación sexual

сэкс

condón

прэзерватыў

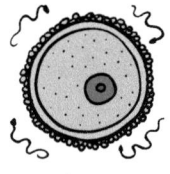

Óvulo

яйцаклетка

esperma

сперма

embarazo

цяжарнасць

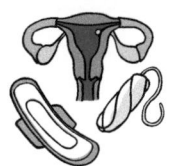

menstruación

менструацыя

vagina

похва

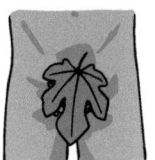

pene

пеніс

ceja

брыво

cabello

валасы

cuello

шыя

hospital
шпіталь

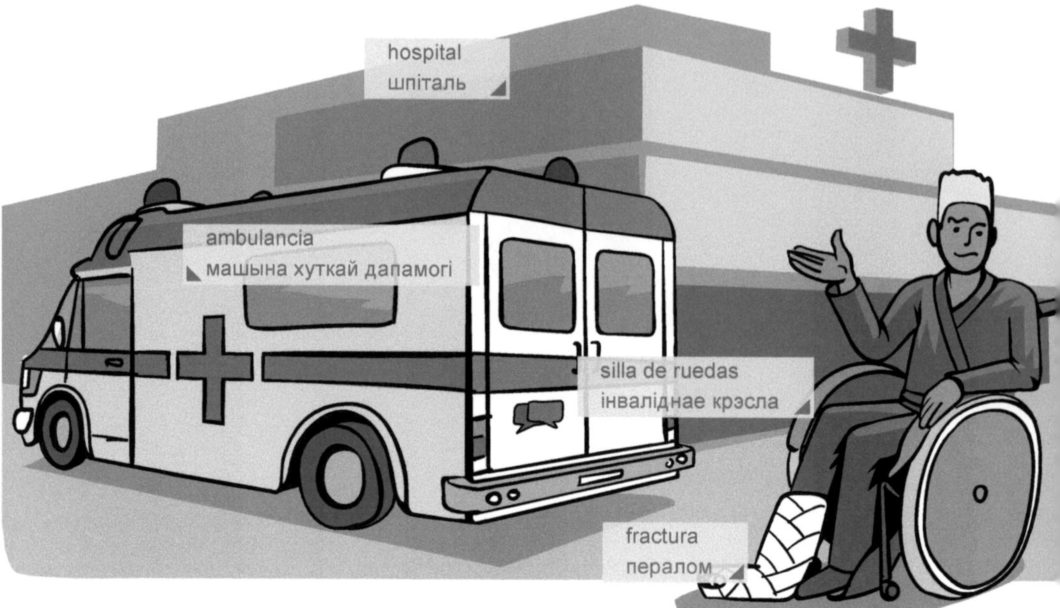

hospital
шпіталь
ambulancia
машына хуткай дапамогі
silla de ruedas
інваліднае крэсла
fractura
пералом

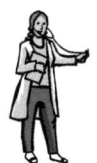

médico

доктар

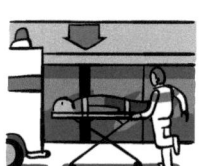

admisión de urgencia

аддзяленне першай дапамогі

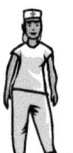

enfermera

медсястра

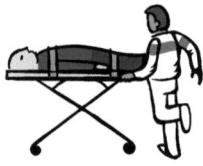

emergencia

экстраная дапамога

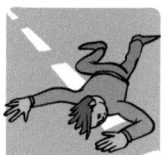

inconsciente

непрытомны

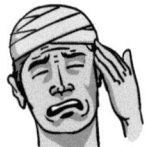

dolor

боль

lesión

траўма

hemorragia

крывацёк

infarto de miocardio

інфаркт

apoplejía cerebral

апаплексія

alergia

алергія

tos

кашаль

fiebre

гарачка

gripe

грып

diarrea

панос

dolor de cabeza

галаўны боль

cáncer

рак

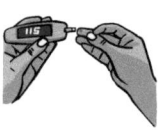

diabetes

дыябет

cirujano

хірург

escalpelo

скальпель

operación

аперацыя

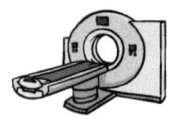

TC
КТ

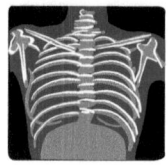

rayos X
рэнтген

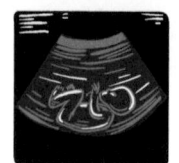

ultrasonido
ультрагук

máscara
маска

enfermedad
хвароба

sala de espera
пачакальня

muleta
мыліца

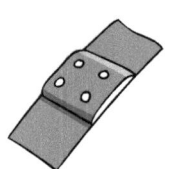

emplasto
пластыр

vendaje
бінт

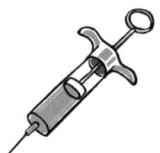

inyección
ін'екцыя

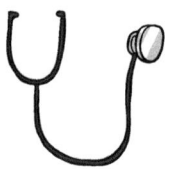

estetoscopio
стэтаскоп

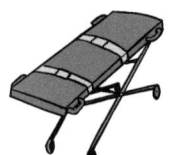

camilla
насілкі

termómetro
градуснік

nacimiento
нараджэнне

sobrepeso
лішняя вага

audífono

слухавы апарат

desinfectante

дэзінфекцыйны сродак

infección

інфекцыя

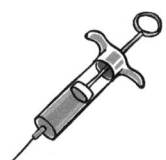

virus

вірус

VIH / SIDA

ВІЧ/СНІД

medicina

лекі

vacunación

прышчэпка

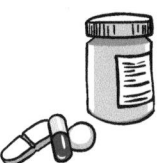

comprimido

таблеткі

píldora anticonceptiva

супрацьзачаткавая
таблетка

llamada de emergencia

экстраны выклік

medidor de presión arterial

танометр

enfermo / saludable

хворы / здаровы

¡Ayuda!

Ратуйце!

alarma

сігналізацыя

asalto

напад

ataque

атака

peligro

небяспека

salida de emergencia

аварыйны выхад

¡Fuego!

Пажар!

extintor

вогнетушыцель

accidente

аварыя

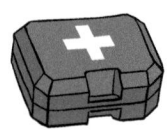

kit de primeros auxilios

аптэчка

SOS

СОС

Policía

паліцыя

Europa

Еўропа

América del Norte

Паўночная Амерыка

América del Sur

Паўднёвая Амерыка

África

Афрыка

Asia

Азія

Australia

Аўстралія

Atlántico

Атлантычны акіян

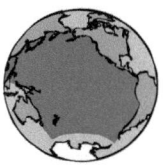

Pacífico

Ціхі акіян

Océano Índico

Індыйскі акіян

Océano Antártico

Паўднёвы ледавіты акіян

Océano Ártico

Паўночны ледавіты акіян

Polo Norte

Паўночны полюс

Polo Sur

Паўднёвы полюс

Antártida

Антарктыда

Tierra

Зямля

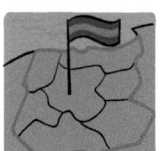

país

краіна

mar

мора

isla

востраў

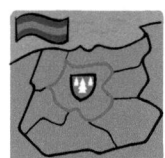

nación

нацыя

Estado

дзяржава

cuadrante

цыферблат

horario

гадзінная стрэлка

minutero

хвілінная стрэлка

segundero

секундная стрэлка

¿Qué hora es?

Колькі часу?

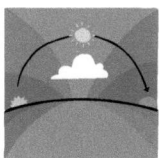

día

дзень

tiempo

час

ahora

зараз

reloj digital

электронны гадзіннік

minuto

хвіліна

hora

гадзіна

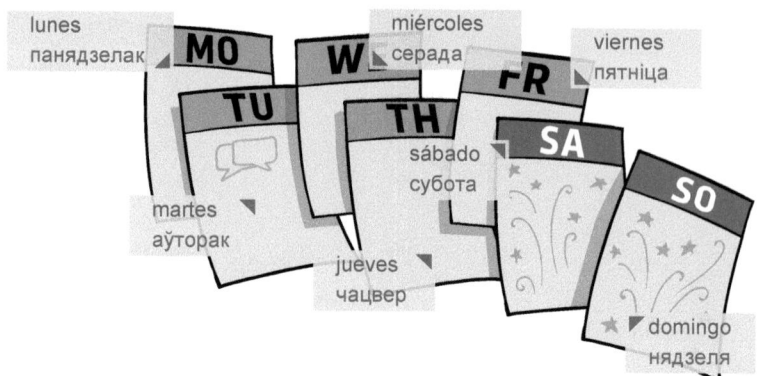

lunes
панядзелак

martes
аўторак

miércoles
серада

jueves
чацвер

viernes
пятніца

sábado
субота

domingo
нядзеля

ayer

ўчора

hoy

сёння

mañana

заўтра

mañana

раніца

mediodía

абед

tarde

вечар

MO	TU	WE	TH	FR	SA	SU
1	2	3	4	5	6	7
8	9	10	11	12	13	14
15	16	17	18	19	20	21
22	23	24	25	26	27	28
29	30	31	1	2	3	4

jornada de trabajo

працоўныя дні

MO	TU	WE	TH	FR	SA	SU
1	2	3	4	5	6	7
8	9	10	11	12	13	14
15	16	17	18	19	20	21
22	23	24	25	26	27	28
29	30	31	1	2	3	4

fin de semana

выхадныя

año

год

lluvia
дождж
arco iris
вясёлка
nieve
снег
viento
вецер
primavera
вясна
otoño
восень
verano
лета
invierno
зіма

4.APRIL 11°
5.APRIL 4°
6.APRIL 13°
7.APRIL 8°
8.APRIL 10°

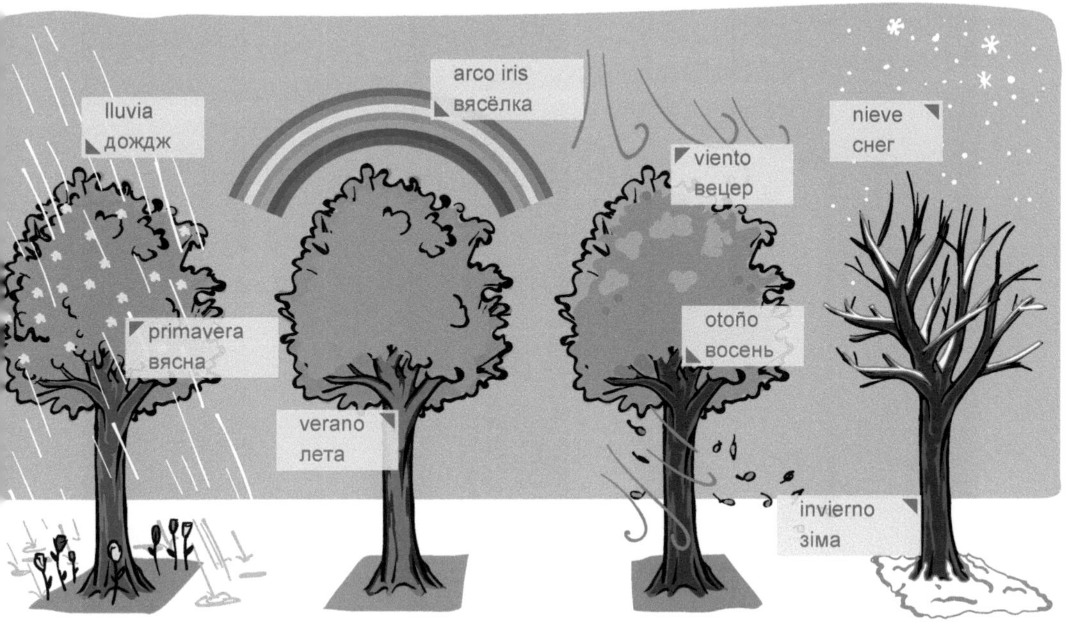

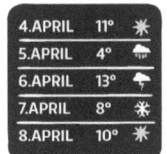

pronóstico meteorológico

прагноз надвор'я

F C
120 90 60 30 0 -30
40 30 20 10 0 -10 -20

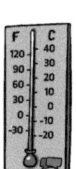

termómetro

градуснік

luz solar

сонечнае святло

nube

воблака

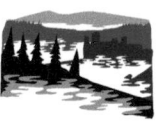

niebla

туман

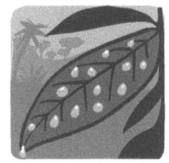

humedad ambiente

вільготнасць паветра

relámpago

маланка

trueno

гром

tormenta

бура

granizo

град

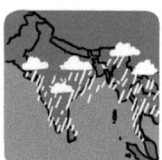

monzón

мусонны вецер

inundación

прыліў

hielo

лёд

enero

студзень

febrero

люты

marzo

сакавік

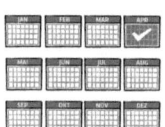

abril

красавік

mayo

май

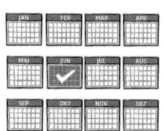

junio

чэрвень

julio

ліпень

agosto

жнівень

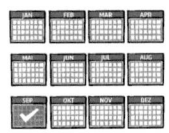

septiembre
....
верасень

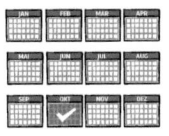

octubre
....
кастрычнік

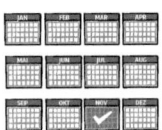

noviembre
....
лістапад

diciembre
....
снежань

formas

формы

círculo
....
круг

cuadrado
....
квадрат

rectángulo
....
прамавугольнік

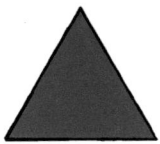

triángulo
....
трохвугольнік

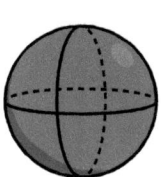

esfera
....
шар

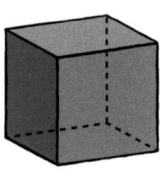

cubo
....
куб

blanco

белы

amarillo

жоўты

anaranjado

аранжавы

rosa

ружовы

rojo

чырвоны

lila

фіялетавы

azul

сіні

verde

зялёны

marrón

карычневы

gris

шэры

negro

чорны

mucho / poco

шмат / мала

enojado / calmado

злы / добры

bonito / feo

прыгожы / брыдкі

comienzo / fin

пачатак / канец

grande / pequeño

высокі / малы

claro / oscuro

светлы / цёмны

hermano / hermana

сястра / брат

limpio / sucio

чысты / брудны

completo / incompleto

поўны / няпоўны

día / noche

дзень / ноч

muerto / vivo

мёртвы / жывы

ancho / angosto

шырокі / вузкі

disfrutable / no disfrutable

ядомы / неядомы

malo / amigable

злы / добры

excitado / aburrido

узбуджаны / нудны

gordo / delgado

тоўсты / тонкі

primero / último

першы / апошні

amigo / enemigo

сябар / вораг

lleno / vacío

поўны / пусты

duro / suave

цвёрды / мяккі

pesado / liviano

важкі / лёгкі

hambre / sed

голад / смага

enfermo / saludable

хворы / здаровы

ilegal / legal

нелегальны / легальны

inteligente / tonto

разумны / дурны

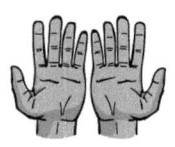

izquierda / derecha

левы / правы

cercano / lejano

побач / далёка

nuevo / usado

новы / былы ва ўжыванні

nada / algo

нічога / нешта

viejo / joven

стары / малады

encendido / apagado

укл / выкл

abierto / cerrado

адчынены / зачынены

bajo / fuerte

ціхі / гучны

rico / pobre

багаты / бедны

correcto / incorrecto

правільна / няправільна

áspero / liso

шурпаты / гладкі

triste / alegre

сумны / шчаслівы

breve / extenso

кароткі / доўгі

lento / veloz

павольны / хуткі

mojado / seco

вільготны / сухі

caliente / frío

цёплы / халаднаваты

guerra / paz

вайна / мір

0

cero

нуль

1

uno

адзін

2

dos

два

3

tres

тры

4

cuatro

чатыры

5

cinco

пяць

6

seis

шэсць

7

siete

сем

8

ocho

восем

9

nueve

дзевяць

10

diez

дзесяць

11

once

адзінаццаць

12

doce

дванаццаць

13

trece

трынаццаць

14

catorce

чатырнаццаць

15

quince

пятнаццаць

16

dieciséis

шаснаццаць

17

diecisiete

сямнаццаць

18

dieciocho

васямнаццаць

19

diecinueve

дзевятнаццаць

20

veinte

дваццаць

100

cien

сто

1.000

mil

тысяча

1.000.000

millón

мільён

inglés

англійская

inglés estadounidense

англійская (Амерыка)

chino mandarín

кітайская мандарынская

hindi

хіндзі

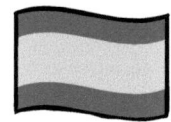

español

іспанская

francés

французская

árabe

арабская

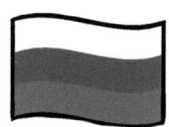

ruso

руская

portugués

партугальская

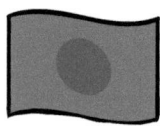

bengalí

бенгальская

alemán

нямецкая

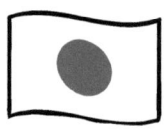

japonés

японская

yo

я

tú

ты

él / ella

ён / яна / яно

nosotros

мы

vosotros

вы

ellos

яны

¿quién?

хто?

¿qué?

што?

¿cómo?

як?

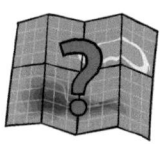

¿dónde?

дзе?

¿cuándo?

калі?

nombre

імя

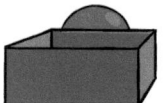

detrás

за

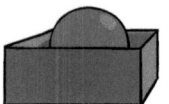

en

у

delante de

перад

encima de

над

sobre

на

debajo de

пад

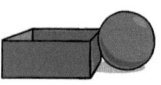

junto a

каля

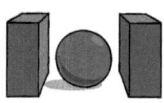

entre

паміж

lugar

месца